AF494182

12 décembre 1888
Lyon

V

CATALOGUE

OBJETS D'ART

ANCIENS

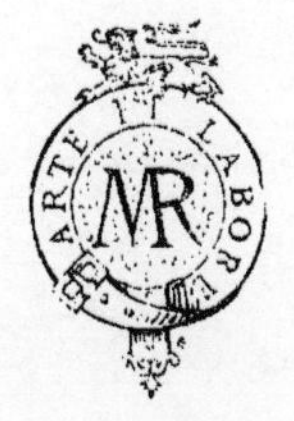

LYON
Décembre 1888

CATALOGUE

OBJETS D'ART

ANCIENS

LYON

IMPRIMERIE MOUGIN-RUSAND

3, rue Stella, 3

Vente de M****, de Lyon

MEUBLES ANCIENS

Argenterie Louis XVI et du Directoire

ÉMAUX de Limoges des XVme, XVIme et XVIIme siècles,
ARMES, INSTRUMENTS DE MUSIQUE,
BIBELOTS

DONT LA VENTE AUX ENCHÈRES AURA LIEU A LYON

HOTEL DES COMMISSAIRES-PRISEURS

Rue de l'Hôpital, 6, salle du 1er étage,

LES

MERCREDI 12, JEUDI 13 ET VENDREDI
14 DÉCEMBRE 1888

A 7 heures 1/2 du soir

EXPOSITION GÉNÉRALE

Le Mardi 11 Décembre, de 2 heures à 5 heures

Chaque jour de vente on exposera, de 1 heure à 3 heures,
les objets qui devront se vendre le soir

Me Laurent GAZAGNE
Commissaire-priseur
Rue de l'Hôpital, 6

G. PINGEON
Expert
Avenue de Saxe, 77

CONDITIONS DE LA VENTE

CONDITIONS DE LA VENTE

La vente sera faite au comptant.

Les acquéreurs paieront cinq pour cent en sus des enchères applicables aux frais.

Les expositions mettant le public à même de se rendre compte de l'état des objets, il ne sera admis aucune réclamation une fois l'adjudication prononcée.

Le présent Catalogue se trouve à Lyon, au bureau des Commissaires-Priseurs, rue de l'Hôpital, 6, et à Paris, au bureau du *Journal des Arts*, rue Le Peletier, 17.

Un Catalogue illustré de quatre planches de photographies, reproduisant environ quarante objets, sera mis en vente au prix de 2 francs.

On le trouvera au bureau des Commissaires-Priseurs.

L'ordre numérique ne sera pas obligatoire, l'expert se réserve la faculté de réunir ou de diviser les lots.

ORDRE DES VACATIONS

Le Mercredi 12 décembre.

Objets divers, de. . . . . 33 à 87

Le Jeudi 13 décembre.

Objets divers, de. . . . . 88 à 93
Emaux, peintures, de. . . . . 94 à 101
Armes, de. . . . . 102 à 121
Instruments de musique, de . . . . . . 122 à 125

Le Vendredi 14 décembre.

Meubles et objets mobiliers, de. . . . . 1 à 14
Argenterie, de. . . . . 15 à 32

CATALOGUE

MEUBLES

PENDULES, LUSTRES, APPLIQUES, CHANDELIERS CHENETS

1 — MEUBLE à deux corps dit CABINET, plaqué en ébène et écaille rouge, avec appliques d'ornements, statuettes, chapiteaux, bases, entrées de serrures, poignées, etc., en bronze ciselé et doré. Le corps du haut présente un motif architectural avec niche, colonnettes superposées, fronton, balustres, etc., formant tiroirs et portes : il repose sur une table avec tiroirs portés par quatre cariatides à gaines sur la

face et quatre colonnes au fond, la partie milieu de chacun des deux corps forme saillie, les moulures en ébène sont très fines, l'ensemble est d'un bon dessin.

Ce beau meuble, du XVIIe siècle, est en état parfait de conservation.

Haut., 2m; larg., 1m,26 cent.; prof., 48 cent.

(Planche 1.)

2 — MEUBLE à deux corps, en bois de noyer sculpté ; quatre portes, un tiroir et fronton : le corps du haut, plus petit que celui du bas est orné aux angles de colonnes engagées ; sur les portes, haut et bas, des médaillons ovales, des arabesques et des plaques de marbre ; sur la frise, des aigles portant des guirlandes de fruits et plaque de marbre au milieu ; le tiroir porte également des plaques de marbre, des guirlandes de fruits et un mascaron au centre, de chaque côté des portes du bas, des pilastres ornés de médaillons et de marbres ; sous la tablette des consoles, sur les médaillons des quatre portes se voient les

figures allégoriques des saisons; le corps du haut est garni d'étoffe à l'intérieur.

Très bon meuble de la seconde moitié du XVIe siècle; et qui a été restauré.

Haut., 2^m,15 cent.; larg., 1^m,27 cent.; prof., 51 cent.

(Planche 2.)

3 — TABLE ronde en bois de noyer sculpté, le plateau porte sur un balustre central et sur trois chimères adossées, le tout sur un patin à trois rayons partant du centre.

Haut., 76 cent.; diam. du plateau, 80 cent.

(Planche 4.)

4 — GLACE, avec riche et large cadre en bois sculpté et doré, de l'époque Louis XIV.

Haut., 1^m,27 cent.; larg., 1^m.

5 — Petite PENDULE, Louis XVI, en bronze ciselé et redoré, elle porte le nom de Le Noir; socle en bois noir avec appliques de bronze ciselé et redoré.

(Planche 3.)

6 — LUSTRE HOLLANDAIS, à douze branches sur deux rangs, le tout en cuivre poli; XVIIe siècle.

7 — Paire de petits CHANDELIERS, Louis XVI, en bronze ciselé et doré, la tige est formée d'une colonne cannelée ornée d'asperges et de guirlandes de lauriers, la base est carrée avec guirlandes.

(Planche 3.)

8 — Paire de CHANDELIERS, en bronze ciselé et doré, époque du premier Empire.

9 — LAMPE de suspension en cuivre ajouré, avec les chaînettes.

10 — Paire de petits CHENETS, avec les fers, XVIIe siècle.

11 — Paire d'APPLIQUES, en bronze doré, à deux branches, époque Louis XV.

12 — Autre paire d'APPLIQUES semblables.

13 — Paire de petits CHANDELIERS d'autel, en cuivre poli; base triangulaire et tige à balustre, fin du XVIe siècle.

14 — Dix CHANDELIERS, de diverses époques; ce lot sera divisé.

ARGENTERIE

15 — SUCRIER de l'époque Louis XVI, argent estampé et verre bleu. Poids, 145 grammes net.

(Planche 3.)

16 — Paire de SALIÈRES, Louis XVI, même travail et verre bleu. Poids, 30 grammes net.

(Planche 3.)

17 — Paire de SALIÈRES doubles, dites BOUT-DE-TABLE, époque Louis XVI. Poids, 239 grammes net.

(Planche 3.)

18 — Paire de SALIÈRES, dont l'une a un couvercle, même époque et travail. Poids, 92 grammes net.

(Planche 3.)

19 — PORTE-HUILIER, argent fondu et ciselé, orné de feuilles de vigne, guirlandes et moulures à torsades, époque Louis XVI; plus les deux BURETTES, en cristal taillé et doré, avec les bouchons en argent. Poids, 740 grammes net.

(Planche 3.)

20 — PORTE-HUILIER, à filets et moulures, époque Louis XV, avec les BURETTES en cristal taillé et doré, bouchons en argent. Poids, 497 grammes net.

(Planche 3.)

21 — PORTE-HUILIER, à double filets, époque Louis XV, avec les BURETTES en cristal taillé, bouchons en argent. Poids, 675 grammes net.

(Planche 3.)

22 — Paire de SALIÈRES, argent fondu, verre bleu, époque Empire. Poids, 138 grammes net.

23 — Paire de SALIÈRES, argent fondu, verre bleu; elles sont en forme de trépied terminé par une tête d'oiseau, époque Empire. Poids, 173 grammes net.

24 — MOUTARDIER, argent fondu, anse à col de cygne, verre bleu. Poids, 122 grammes.

25 — MOUTARDIER, argent fondu, verre bleu, époque Empire. Poids, 117 grammes net.

26 — Petite SOUPIÈRE, en argent, de la fin de Louis XVI; le couvercle est surmonté d'un trophée, formé de colombes, d'arcs et de flèches. Poids, 654 grammes.

(Planche 3.)

27 — TASSE, en argent, pour déguster le vin, XVIIIe siècle. Poids, 141 grammes.

(Planche 3.)

28 — TASSE, en argent, pour déguster le vin, le fond est orné d'une tête grotesque, avec cette inscription : *Garde-toi des gens à double visage*. Poids, 110 grammes.

(Planche 3.)

29 — TASSE, en argent, pour déguster le vin. Poids, 26 grammes.

30 — BAGUIER, en argent, de la fin de Louis XVI. Poids, 58 grammes.

(Planche 3.)

31 — HOCHET, en argent, bout en ivoire; il présente une statuette de dame dans le costume de la Restauration. Poids, 25 grammes brut.

(Planche 3.)

32 — HOCHET, en argent, à grelots et bout en cristal de roche taillé. Poids, 94 grammes brut.

(Planche 3.)

OBJETS DIVERS

STATUETTES, BAS-RELIEFS, PLAQUETTES,
MÉDAILLES, FAIENCES, PORCELAINES, ETC.

33 — SAINTE CÉCILE, grande statuette en ivoire, socle en bois noir.

Hauteur de la statuette, 38 cent.

(Planche 2.)

34 — Petit CHRIST, en ivoire.

35 — LIONNE couchée, bronze de BARYE.
Cette épreuve porte le cachet de l'éditeur.

36 — CAVALIER mongol, ancien bronze chinois, socle en bois.

37 — Groupe de DEUX VIEILLARDS, terre cuite peinte, d'une grande vérité, sur la base on lit : *C'était le bon temps*. Restauration.

38 — Le CHRIST au roseau, statuette en bois.

39 — CENTAURESSE, statuette en bronze, sur un socle en marbre bleu turquin, XVIIe siècle.

40 — STATUETTE de saint, en bronze ciselé et doré, socle rond en bois noir, XVIIe siècle.

Hauteur de la statuette, 14 cent.

41 — Le FLUTISTE, statuette peinte, époque de la Restauration.

42 — CHINOIS en prière, statuette en porcelaine vieux chine, émaux verts et roses, socle en bois.

43 — MARS, VÉNUS ET L'AMOUR, plaquette en étain, XVIe siècle.

44 — TABLEAU, en bois de noyer sculpté, représentant en très haut relief, le CHRIST DEVANT PILATE; nombreux personnages. Cadre doré, XVIIe siècle.

Haut., 22 cent.; larg., 34 cent.

45 — NYMPHES ET SATYRES érigeant un monument de Priape, bas-relief en bronze, d'après CLODION, cadre en bois noir.

Haut., 23 cent.; larg., 27 cent.

46 — MOINE assis conférant avec deux autres personnages, bas-relief en cire, d'un bon mouvement et largement traité, signé : V. Arago, *fecit*. Sous verre, cadre noir et or.

Haut., 10 cent.; larg., 16 cent.

47 — BAISER DE PAIX, en cuivre ciselé et doré, XVIe siècle. Le Christ mort sur les genoux de la Vierge.

48 — BAISER DE PAIX, en cuivre ciselé et doré.

49 — BAISER DE PAIX, du XVIe siècle, en cuivre ciselé et redoré.

50 — PLAQUE ovale, en ivoire sculpté, époque Louis XIV. Cadre en bois noir.

51 — Petite PLAQUE rectangulaire, en ivoire sculpté, du XVe siècle, divisée en deux compartiments ; celui du haut présente le Christ en Croix entouré de nombreux personnages et au-dessous, l'Ensevelissement du Christ ; chacun des sujets est surmonté de trois arcades à ogives. Cadre en bois noir.

52 — BAISER DE PAIX, en argent ciselé, commencement du XVIe siècle.

53 — BAISER DE PAIX, en cuivre ciselé et doré.

54 — APPLIQUE, en bronze ciselé et doré, de la fin du XVIe siècle, représentant la

Vierge et l'Enfant; cette applique est fixée sur un petit fût de colonne en bois.

55 — BAISER DE PAIX, en bronze ciselé et doré, représentant la Vierge, l'Enfant et des Anges.

56 — BAISER DE PAIX, en bronze ciselé et réargenté.

57 — Trente et une MÉDAILLES, en bronze, par PENNIN, sujets religieux, sur un carton médailler couvert en cuir.

58 — MEDAILLON en étain, portrait en profil de Charles GROLIER, par MIMEREL, 1658.

59 — Deux cartons à médailles, contenant cent vingt-huit plombs ou bronzes anciens ou modernes, SCEAUX, MONNAIES, EMPREINTES, etc.: quelques-unes de ces pièces proviennent des fouilles faites il y a quelques années dans la Saône. Ce lot pourra se diviser.

60 — CROIX EN FER FORGÉ, portant les accessoires de la Passion. Cette pièce est datée 1750.

61 — Petit PUPITRE, en bois de noyer sculpté, style ogival.

62 — COFFRET, en fer gravé, travail suisse du XVIe siècle.

63 — INSTRUMENT de pesage, en fer et cuivre.

64 — FLEUR DE LYS, en fer forgé, XVIIe siècle.

65 — Petit COFFRET-CABINET, en poirier noirci, la face à deux portes et à l'intérieur six tiroirs, entrées et boutons en cuivre doré, XVIIe siècle.

66 — Six petites CUILLÈRES, en bronze du XVIe ou antiques.

67 — Deux CHATELAINES, en cuivre ciselé et doré, des époques Louis XV et Louis XVI.

68 — Petit COFFRET, en fer poli, couvercle cintré, XVIe siècle.

69 — Petit COFFRET-CABINET, en poirier noirci, moulures guillochées, la face à deux portes et à l'intérieur quatre tiroirs, XVIIe siècle.

70 — MONTRE en cuivre, époque Louis XVI.

71 — Deux BOURSES aumônières, en perles.

72 — Petit ENCENSOIR en cuivre.

73 — CHAPELET, dont chaque grain est en ivoire sculpté, représentant une tête d'homme et une tête de mort ; une plus grosse tête de mort en ivoire, termine ce chapelet, XVIIe siècle.

74 — SERRURE de coffre, époque Louis XIII.

75 — Grand CHAPELET, dont chaque dizaine est séparée par une tête à double face, en ivoire sculpté, d'un côté une tête de mort et de l'autre une tête d'homme; il

est terminé par une plus grosse pièce en ivoire sculpté à trois faces, le Christ, la Vierge et une tête de mort; une croix de Lorraine en cuivre gravé est pendue à ce chapelet, ainsi que diverses médailles, XVIIe siècle.

76 — PRESSE-PAPIER, formé de quatre petits boulets en fer, surmonté d'un petit Amour en cuivre doré ; base en bois.

77 — Petit DEVIDOIR en cuivre gravé et doré ; il est fixé sur une statuette de nègre en bronze laqué.

78 — BOITE, en bois laqué et doré, ornée de sujets guerriers et champêtres. Ancien travail de la Perse.

79 — RAPE-A-TABAC en ivoire sculpté (incomplète), XVIIe siècle.

80 — RAPE-A-TABAC bien complète, en fer damasquiné argent, portant cette inscription : *Il brûle pour vous*, XVIIIe siècle.

81 — BONBONNIÈRE, en émaille, fin du XVIIIe siècle.

82 — BOITE en cuivre, gravé, sujets de chasses, XVIIe siècle.

83 — MONSTRANCE, en cuivre doré, forme ogivale, XVe siècle.

(Planche 2.)

84 — Réduction en bronze de la COLONNE VENDOME, socle en marbre.

85 — Réduction en bronze de la COLONNE DE JUILLET 1830, socle en marbre.

86 — Réduction en bronze de L'OBÉLISQUE DE LOUQSOR, socle en marbre.

87 — COFFRET rectangulaire, orné sur toutes les faces de bas-reliefs en pâte de riz sur fond doré ; sur le couvercle on a fixé une petite bossette en bronze représentant le Groupe de Laocoon, XVIe siècle.

88 — PORTE-HUILIER, en faïence blanche, ornements en reliefs, XVIIIe siècle.

89 — VASE ÉTRUSQUE en terre cuite, fond noir, ornements blanc.

90 — FONTAINE, en terre d'Avignon à glaçure verte ; au milieu, sur la face, un Neptune en relief et de chaque côté des armoiries royales, XVIIe siècle.

91 — Deux ASSIETTES, en porcelaine du Japon, décor polychrome et or.

92 — POT à anse, en GRÈS DE FLANDRES, émail bleu, monture et couvercle en étain ; le col est orné de mascarons, la panse de cannelures, et des motifs gravés complètent l'ornementation, XVIIe siècle.

(Planche 2.)

93 — Lots divers, d'appliques, statuettes en cuivre, entrées de serrures, poignées, etc., provenant d'anciens meubles.

ÉMAUX ET PEINTURES

94 — Deux ÉMAUX peints et dorés, de forme ovale, présentant les têtes laurées des empereurs Tibère et César, travail de Limoges, XVIe siècle.

95 — Grande plaque en cuivre ÉMAILLÉ, en couleur et rehaussé d'or, représente une Sainte-Famille, cadre noir.

96 — ÉMAIL peint, à paillons et rehaussé d'or, de forme rectangulaire, présentant sur fond noir un très joli motif d'arabesques et figures, d'après Stéphanus; une épreuve ancienne de la gravure de Stéphanus est jointe à cet émail; le tout est dans un écrin.

Haut. de l'émail, 15 cent.; larg., 12 cent.

97 — ÉMAIL en couleur et rehaussé d'or, représentant Jésus et les Apôtres. Cet émail,

de la fin du xve siècle, est dans la manière de NARDON PENICAUD.

Haut. 12 cent.; larg., 10 cent.

98 — ÉMAIL en couleur et rehaussé d'or, SAINTE MARCELLE, travail de Limoges, XVIIe siècle. Cet émail, de forme rectangulaire, est fixé sur une plaque de cuivre doré, découpé en forme d'étoile à huit pointes inégales.

Dimension de l'émail : Haut. 12 cent.; larg., 9 cent.

99 — Autre ÉMAIL, SAINTE CHRISTINE, pendant du précédent ; ces deux émaux ont été restaurés.

100 — ÉMAIL de forme rectangulaire, également fixé sur une étoile plus petite.

Dimension de l'émail : Haut. 10 cent.; larg., 8 cent.

101 — TRYPTIQUE en bois, peint sur fond doré et pointillé ; la partie centrale est divisée en deux registres, celui du haut présente le Christ en croix, et au-dessous la

Nativité ; sur les volets également divisés en deux parties, des figures de Saints et de Saintes, avec quelques inscriptions en caractères grecs, anciens, travail oriental, byzantin.

ARMES

102 — PETITE ÉPÉE de cour, lame plate, gravée et dorée, coquille, garde et pommeau en fer ciselé, fusée à filigrane, XVIIIe siècle.

(Planche 4.)

103 — ÉPÉE, lame triangulaire, coquille ovale, garde et pommeau en fer ciselé, XVIIIe siècle.

(Planche 4.)

104 — ÉPÉE, lame triangulaire, dont la coquille, la garde et le pommeau en fer ciselé, présentent des médaillons de fleurs

nœuds et rubans, feuillages et fleurettes d'une finesse remarquable ; très belle pièce, d'une conservation exceptionnelle, de l'époque Louis XVI.

(Planche 4.)

105 — Autre ÉPÉE en tout pareille à la précédente, sauf les médaillons qui renferment des trophées de musique et de chasse ; même finesse de ciselure et de conservation.

(Planche 4.)

106 — KRISS malais, fourreau et bois laqué.

107 — ÉPÉE à lame triangulaire, coquille, garde et pommeau en fer ajouré et ciselé, époque Louis XVI.

(Planche 4.)

108 — Petite ARBALÈTE en fer.

109 — Grande HALLEBARDE, surmoulage d'une pièce du XVIe siècle.

110 — HALLEBARDE, dont le fer très large porte des armoiries gravées.

(Planche 4.)

111 — PERTUISANE, suisse du XVe siècle.

(Planche 4.)

112 — VOUGE suisse, du XVe siècle.

(Planche 4.)

113 — PERTUISANE en fer ajouré, bonne forme, XVIe siècle.

(Planche 4.)

114 — Autre PERTUISANE, même époque.

(Planche 4.)

115 — PERTUISANE, fer ajouré, XVIe siècle.

(Planche 4.)

116 — PERTUISANE, même époque.

(Planche 4.)

117 — PERTUISANE, fer ajouré.

Les hampes en bois, ornées de clous de toutes ces armes, sont modernes.

(Planche 4.)

118 — Trois ÉPERONS en fer du XVe siècle et un autre éperon du XVe siècle, d'un bon travail.

119 — POUDRIÈRE en fer gravé, XVIIe siècle.

120 — MORS DE BRIDE en fer ciselé, de forme très rare, XVIIe siècle.

(Planche 4.)

121 — GRAND MORS DE BRIDE en fer ciselé, XVe siècle.

(Planche 4.)

INSTRUMENTS DE MUSIQUE

122 — MUSETTE ou biniou, dont les flûtes sont en ivoire avec des clefs en argent ; la peau est couverte d'une étoffe de soie Louis XVI.

(Planche 4.)

123 — Belle HARPE, bois sculpté et doré; peinture en vernis Martin, très bien conservée, époque Louis XVI.

(Planche 4.)

124 — MANDOLINE, ornée d'écaille et de nacre ; à l'intérieur on lit : *Vincentius, Vinaccio fecit, Neapoli alla rua Catalana à. d., 1773.*

(Planche 4.)

125 — INSTRUMENT à cordes métalliques, genre de KANTÈLE, mais avec de nombreuses cordes.

(Planche 4.)

IMPRIMERIE MOUGIN-RUSAND

3, rue Stella, 3

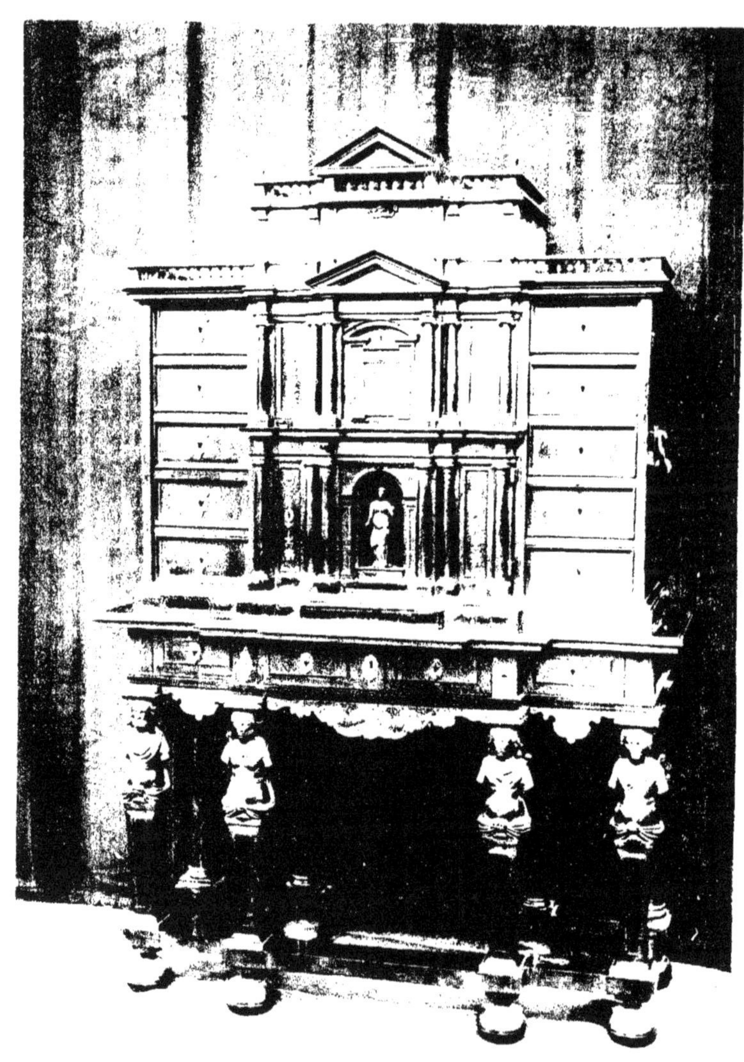

PLANCHE N° I.

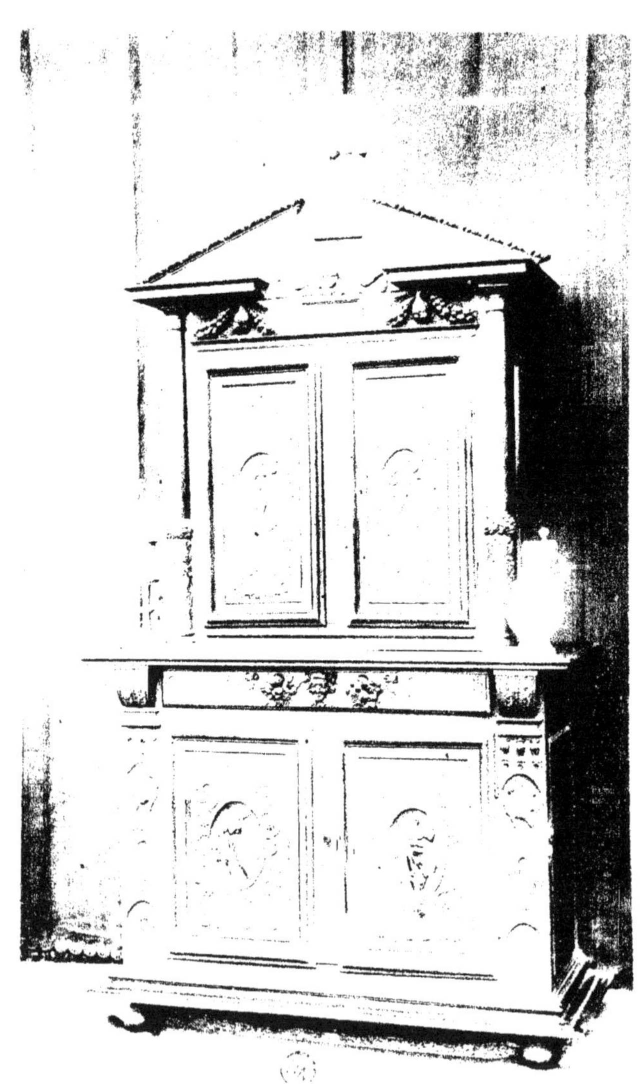

PLANCHE N° II.

forces ; le général Forey conduisit lui-même les renforts, et les représentants ayant déclaré qu'ils ne céderaient qu'à la force, un commissaire de police saisit M. Benoît-d'Azy, et l'entraîna. Toute résistance cessa à l'instant même ; les représentants furent placés au centre de quatre files profondes de soldats, et conduits sans obstacle à la caserne du quai d'Orsay.

Quelques tentatives du général Oudinot, pour détourner les soldats de l'accomplissement de leurs devoirs, ne soulevèrent dans les rangs que des murmures. Reconnaissant un sergent qui avait assisté au siége de Rome, il lui dit : « Comment, c'est toi, Martin, qui me conduis en prison ? — Pardon, général, répondit le sergent, mais je n'ai pas assez de pouvoir pour vous relever de cette punition-là. »

nommé au commandement de la garde nationale. M. Tamisier, député montagnard, fut le chef d'état-major donné à M. le général Oudinot.

Les harangues n'avaient pas manqué, comme bien on le pense, à la mairie du 10e arrondissement; harangues au dedans, harangues au dehors, harangues aux fenêtres, harangues dans la cour, harangues sur des tables, harangues sur des chaises. Les gardes nationaux accourus n'étaient pas fort nombreux, mais la masse du public était considérable. Il se montrait fort curieux, mais médiocrement passionné.

Informé de cette réunion, M. de Morny ordonna de la dissoudre et de l'enlever en cas de résistance.

Un premier détachement de chasseurs à pied, envoyé par le général Forey, quatre commissaires de police et de nombreux agents, commencèrent à changer la face des choses. Les chasseurs firent retirer les représentants qui haranguaient, et firent fermer les fenêtres. Les commissaires pénétrèrent dans la réunion. Le président affecta de les recevoir, comme s'ils venaient prendre ses ordres. Les commissaires répondirent immédiatement qu'ils venaient, non pour se mettre aux ordres des ex-représentants, mais pour les arrêter, s'ils refusaient de se disperser à l'instant même.

L'engorgement des rues qui environnent la mairie du 10e arrondissement, et le nombre considérable de personnes à arrêter avaient nécessité de nouvelles